škola - yachay wasi	2
putovanje - ch'usay	5
transport - astana	8
grad - llaqta	10
krajolik - wanlla	14
restoran - mikhuna wasi	17
supermarket - jatun qhatu	20
napitci - upyanakuna	22
jelo - mikhuna	23
seosko gazdinstvo - chakra wasi	27
kuća - wasi	31
dnevna soba - k'illi wanlla	33
kuhinja - wayk'una wasi	35
kupaonica - akana wasi	38
dječija soba - wawa k'uchu	42
odjeća - p'acha	44
ured - ujisina	49
gospodarstvo - qullqikamay	51
zanimanja - llamk'aykuna	53
alati - ruk'awi	56
glazbeni instrument - takichiy nakuna	57
zoološki vrt - jatun uywa kancha	59
šport - atipanaku pukllay	62
aktivnosti - ruwakuna	63
obitelj - yawar masikuna	67
tijelo - uqhu	68
bolnica - Jampina wasi	72
hitni slučaj - urjinsia	76
zemlja - Pacha	77
sat - phani (kuna)	79
tjedan - qanchischaw	80
godina - wata	81
oblici - pacha tupusqa rikch'ay	83
boje - llimp'ikuna	84
suprotnosti - wakjinakuna	85
brojevi - yupaykuna	88
jezici - simikuna	90
tko / što / kako - pi / ima / imayna	91
gdje - maypi	92

Impressum
Verlag: BABADADA GmbH, Nedderfeld 112 , 22529 Hamburg
Geschäftsführer / Verlagsleitung: Harald Hof
Druck: Books on Demand GmbH, In de Tarpen 42, 22848 Norderstedt

Imprint
Publisher: BABADADA GmbH, Nedderfeld 112 , 22529 Hamburg, Germany
Managing Director / Publishing direction: Harald Hof
Print: Books on Demand GmbH, In de Tarpen 42, 22848 Norderstedt

škola
yachay wasi

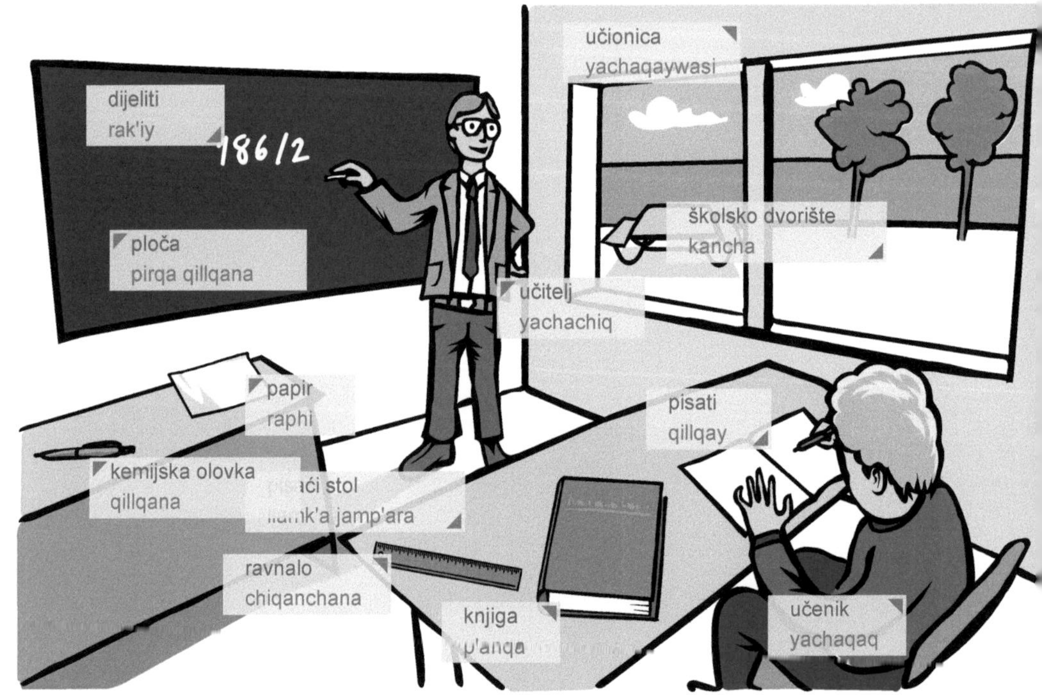

- dijeliti — rak'iy
- ploča — pirqa qillqana
- učionica — yachaqaywasi
- školsko dvorište — kancha
- učitelj — yachachiq
- papir — raphi
- pisati — qillqay
- kemijska olovka — qillqana
- radni stol — llamk'a jamp'ara
- ravnalo — chiqanchana
- knjiga — p'anqa
- učenik — yachaqaq

torba
wayaqa

pernica
p'uktaki llimp'i qillqana

grafitna olovka
yana qillqana

šiljilo za olovke
ñawch'ina

gumica za brisanje
qillqakhituna

blok za crtanje
qillqana p'anqa siq'inapaq

crtež
siq'i

kist
chukcha llimp'ina

kutija s bojama
p'uktaki llimp'ikuna

makaze
k'utuna

ljepilo
k'akachana

bilježnica
qillqana p'anqa ruwanakuna

domaći zadatak
kamachinakuna

broj
yupay

sabirati
yapay

oduzimati
qhichuqay

množiti
mirachay

računati
yupanchay

slovo
sanampa

abeceda
sanampakuna

riječ
simi rimay

škola - yachay wasi

tekst qillqa	čitati ñawiriy	kreda iskuna
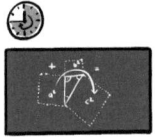		
sat yachachina	dnevnik qillqana p'anqacha	ispit chaninchana

svjedodžba certificaru	školska uniforma uniforme	obrazovanje yachay

leksikon jatun simi pirwa	sveučilište Jatun yachaywasi	mikroskop microscopio
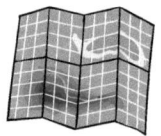		
karta saywa siq'i	košara za papir raphi chuqana	

škola - yachay wasi

putovanje
ch'usay

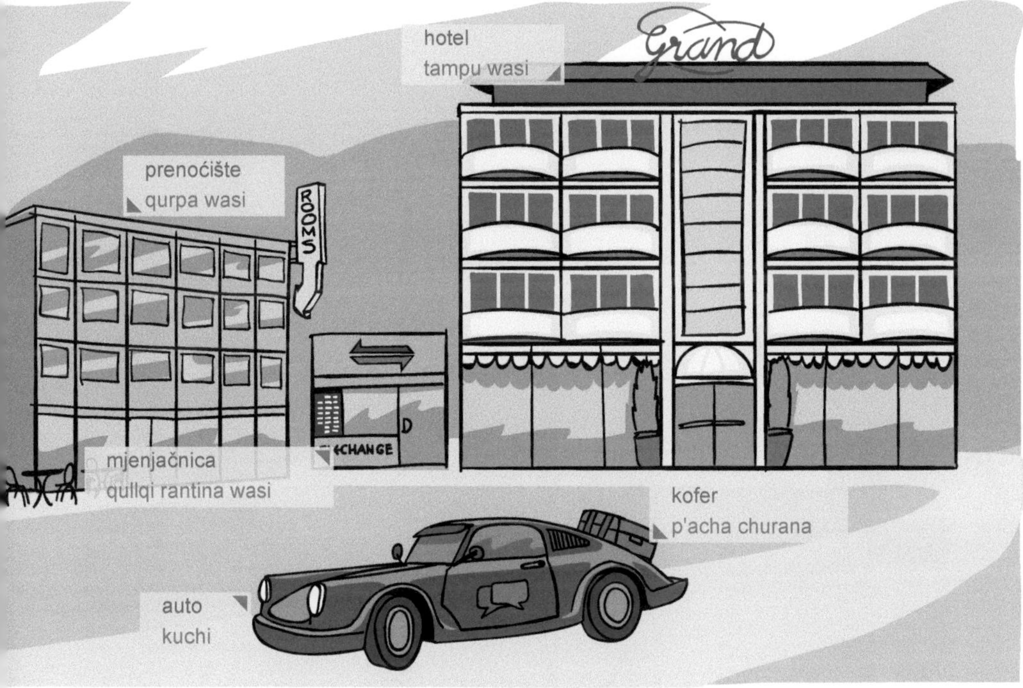

hotel
tampu wasi

prenoćište
qurpa wasi

mjenjačnica
qullqi rantina wasi

kofer
p'acha churana

auto
kuchi

jezik
simi

da / ne
ari / mana

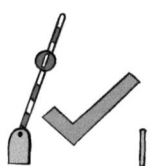

okay
ari

zdravo
Imaynalla

prevoditelj
tikraq

hvala
Pachi

putovanje - ch'usay

Koliko košta...?
¡Machkhataq?

ne razumijem
Mana yachanichu

problem
ch'ampay

dobro veče!
¡Allin tuta!

Dobro jutro!
¡Allin P'unchaw!

Laku noć!
¡Allin tuta!

doviđenja
tinkunakama

smjer
pusachay wasi

prtljaga
q'ipi

torba
wayaqa

ruksak
wasa wayaqa

gost
jamuynisqa

soba
wasi

vreća za spavanje
puñunapaq wayaqa

šator
tienda

putovanje - ch'usay

turističke informacije	plaža	kreditna kartica
turismu willakuy	quchapata	tarjita kriditumanta

doručak	ručak	večera
paqarin mikhuy	chawpi p'unchaw mikhuy	tuta mikhuy

karta za vožnju	dizalo	poštanska markica
qullqi	makina wicharinapaq	unanchana

granica	carina	ambasada
saywa	adwana	imwajada

viza	putovnica	
visa	pasapurti	

putovanje - ch'usay

transport
astana

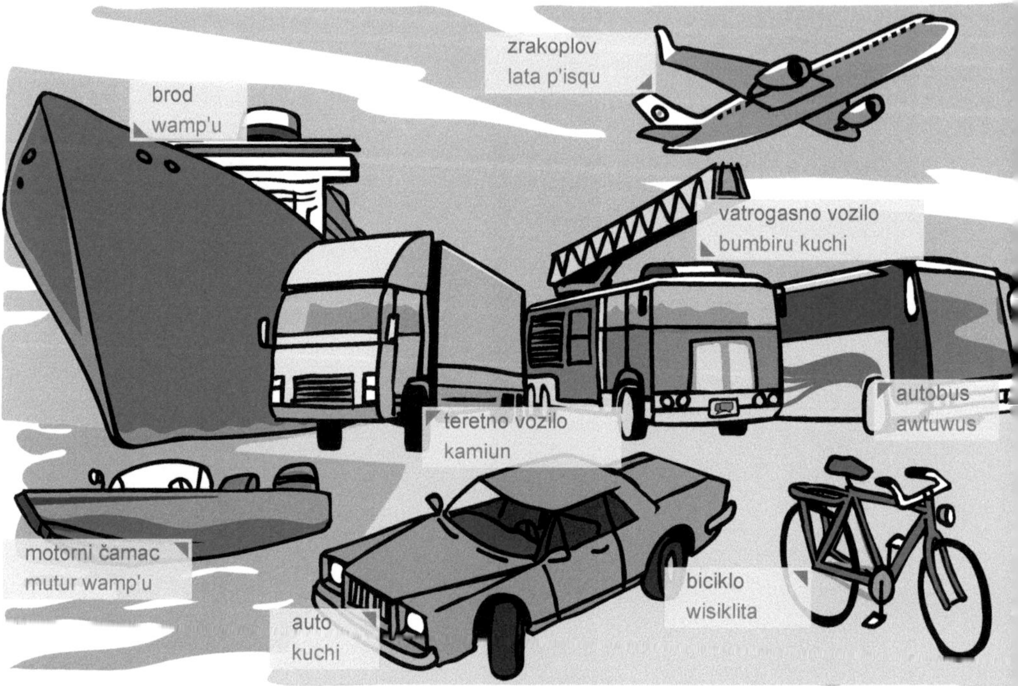

- zrakoplov / lata p'isqu
- brod / wamp'u
- vatrogasno vozilo / bumbiru kuchi
- teretno vozilo / kamiun
- autobus / awtuwus
- motorni čamac / mutur wamp'u
- auto / kuchi
- biciklo / wisiklita

trajekt
quchacha

čamac
wamp'u

motocikl
mutu

policijski auto
pulisiyap autun

trkaći auto
usqay karru

iznajmljeno auto
kuchi manukuna

dijeljenje automobila kuchi manu	vučno vozilo grua	vozilo za odvoz smeća q'upa kamiun

motor mutur	benzin gasulina	benzinska postaja gasulinamanta istasiun
	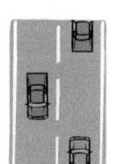	
prometni znak chakatana sanampa	promet trajiku	zastoj chakatana

parkiralište istasiun	kolodvor trin estasiun	šine ñankuna
	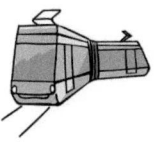	
vlak trin	tramvaj tranwia	vagon wagun

transport - astana

helikopter
ilikuptiru

zrakoplovna luka
lata p'isqu kiti

toranj
pukara

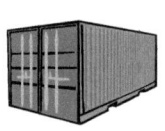

putnik
pasaqlla

kontejner
jatun p'uktaki

karton
karton p'uktaki

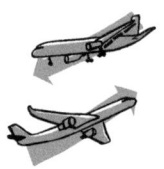

kolica
kapachu

košara
Isanka

uzletjeti / sletjeti
phaway / uray

grad
llaqta

selo
llaqta

centar grada
chawpi jatun llaqta

kuća
wasi

10   grad - llaqta

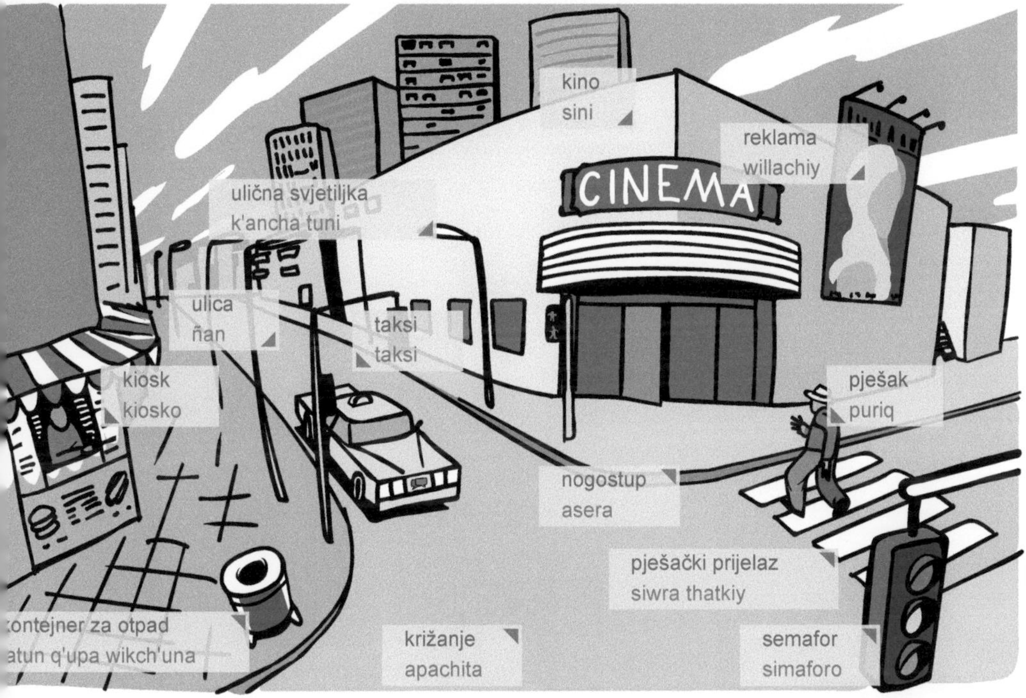

kino
sini

reklama
willachiy

ulična svjetiljka
k'ancha tuni

ulica
ñan

taksi
taksi

kiosk
kiosko

pješak
puriq

nogostup
asera

pješački prijelaz
siwra thatkiy

kontejner za otpad
atun q'upa wikch'una

križanje
apachita

semafor
simaforo

koliba
ch'ullka

stan
apartamento

kolodvor
trin estasiun

vijećnica
tantanakuy wasi

muzej
rikuchina wasi

škola
yachay wasi

grad - llaqta

sveučilište
Jatun yachaywasi

banka
qullqi pirwa

bolnica
Jampina wasi

hotel
tampu wasi

ljekarna
jampi ranqhana wasi

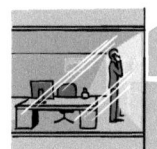
ured
ujisina

knjižara
p'anqa pirwa

prodavaonica
tienda

cvjećara
t'ika wasi

supermarket
jatun qhatu

trg
qhatu

robna kuća
jatun pirwa

ribarnica
challwa wasi

trgovački centar
jatun rantina wasi

luka
wamp'u qhispinan

grad - llaqta

park
jark'asqa chiqan

klupa
qullqi pirwa

most
chaka

stepenice
wichana

podzemna željeznica
metro

tunel
suqhu

autobusna stanica
autuwus sayana

bar
bar

restoran
mikhuna wasi

poštansko sanduče
willa qillqa juch'uy wanqara

ulični znak
t'uqsi tuni

parkirni sat
parkimetro

zoološki vrt
jatun uywa kancha

bazen
armakuna

džamija
meskita

grad - llaqta

seosko gazdinstvo
chakra wasi

zagađenje okoliša
pacha unquchiq

groblje
Aya pampa

crkva
iñiy wasi

igralište
pukllana kancha

hram
Qhapana

krajolik
wanlla

- list / raphi
- putokaz / sanampa
- put / ñan
- livada / waylla
- kamen / rumi
- drvo / sach'a
- šetač / puriq runa
- rijeka / mayu
- trava / sach'a
- cvijet / t'ika

krajolik - wanlla

dolina
qhichwa

planina
muqu

jezero
qucha

šuma
Sach'a sach'a

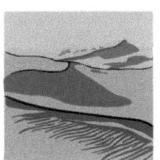

pustinja
purun

vulkan
nina phuqchiq urqu

dvorac
kastilla wasi

duga
k'uychi

gljiva
champiñun

palma
chunta

moskito
ch'uspi

muha
ch'uspi

mrav
sik'imira

pčela
wara

pauk
kusi kusi

krajolik - wanlla

buba
ch'iqi

žaba
k'ayra

vjeverica
artilla

jež
askanku

zec
liwre

sova
ch'usiqa

ptica
p'isqu

labud
yuku p'isqu

divlja svinja
sintiru

jelen
sierwu

los
alsi

nasip
waykhasqa

vjetrenjača
wayrakallpa

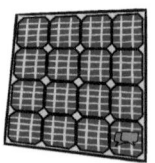
solarna ploča
inti panil

klima
pacha wayra

restoran
mikhuna wasi

- konobar / wayna yanapaq
- jelovnik / menu
- stolica / tiyana
- supa / supa
- pribor za jelo / tumina
- stolnjak / mast'a jamp'ara
- pica / pitsa

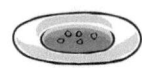

predjelo
ñawpaq mikhuna

glavno jelo
yari mikhuna

desert
mikhuy yapa

napitci
upyanakuna

jelo
mikhuna

boca
wutilla

restoran - mikhuna wasi

fastfood
saqra ura

imbis hrana
kalli mikhuna

čajnik
te churana

doza za šećer
misk'i churana

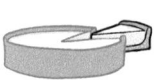
porcija
chhika

aparat za espresso
cajitira iksprisu

visoka stolica
jatun tiyana

račun
yupay

pladanj
bandija

nož
tumi

vilica
tinidur

žlica
wislla uña

čajna žlica
juch'uy wislla uña

ubrus
simi pichana

čaša
qhispi akilla

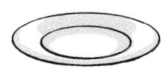
tanjur
chuwa

tanjur za supu
chuwa

tanjurić
chuwa

sos
salsa

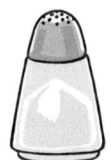
soljenka
kachi churana

mlin za biber
pimienta kutana

ocat
k'allkucha

ulje
llukllu

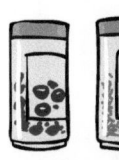
začini
ch'aki q'mirkuna

kečap
ketchup

senf
mostaza

majoneza
mayonisa

restoran - mikhuna wasi

supermarket
jatun qhatu

ponuda
kusa ranqhanapaq

kupac
rantiq

mliječni proizvodi
willalli

kolica za kupnju
rantina karro

voće
puquy

mesnica
aicha wasi

pekarnica
t'anta wasi

vagati
llasay

povrće
q'umirkuna

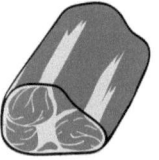

meso
aycha

duboko smrznuta hrana
chhullunka mikhuna

supermarket - jatun qhatu

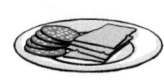
narezak
quqawi

konzerve
mikhuna unaychasqa

sredstvo za pranje
ditirjinti

slatkiši
misk'ikuna

artikli za domaćinstvo
wasimanta pruduktu

sredstva za čišćenje
maylla produkto

prodavačica
ranqhaq

blagajna
kartun p'uktaki

blagajnik
kajiru

lista za kupnju
sinru qillqa rantina

vrijeme rada
sumaq runa uyarina phani

novčanik
qullqi wayaqa

kreditna kartica
tarjita kriditumanta

torba
plastiko wayaqa

plastična vrećica
plastiku wayaqa

supermarket - jatun qhatu

napitci
upyanakuna

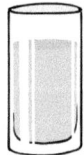
voda
yaku

sok
jilli

mlijeko
ch'awa

cola
coca cola

vino
vino

pivo
sirwisa

alkohol
alkula

kakao
kakawu

čaj
te

kava
caji

espresso
ieksprisu

cappuccino
capuchinu

jelo
mikhuna

banana
platanu

jabuka
mansana

naranča
laranja

lubenica
milun

limun
limun

mrkva
sanawrya

češnjak
aju

bambus
wamwu

luk
siwulla

gljiva
champiñun

orašasti plodovi
awillana

rezanci
jirius

špagete
ispawiti

riža
arrus

salata
sarsa

pomfrit
papa kanka

pečeni krumpir
papa kanka

pica
pitsa

hamburger
amwirkisa

sendvič
sanwich

šnicla
jiliti

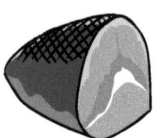
pršut
jamun

salama
salami

kobasica
salchicha

kokoš
chichilu

pečenje
aycha kanka

riba
challwa

jelo - mikhuna

zobene pahuljice

p'aqa awina

musli

muesli

kukuruzne pahuljice

p'aqa sara

brašno

jak'u

roščić

krwasan

pecivo

k'awka

kruh

t'anta

toast

t'anta jamk'a

keksi

khamuna

maslac

mantikilla

svježi sir

ñuqñu

kolač

pastil

jaje

runtu

jaje na oko

runtu kanka

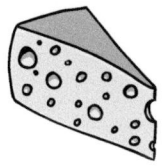

sir

masara

jelo - mikhuna

sladoled	šećer	med
chullunka misk'i	misk'i	wayrunq'u misk'i

marmelada	nugat krema	curry
mirmilara	krima turrunmanta	kurri

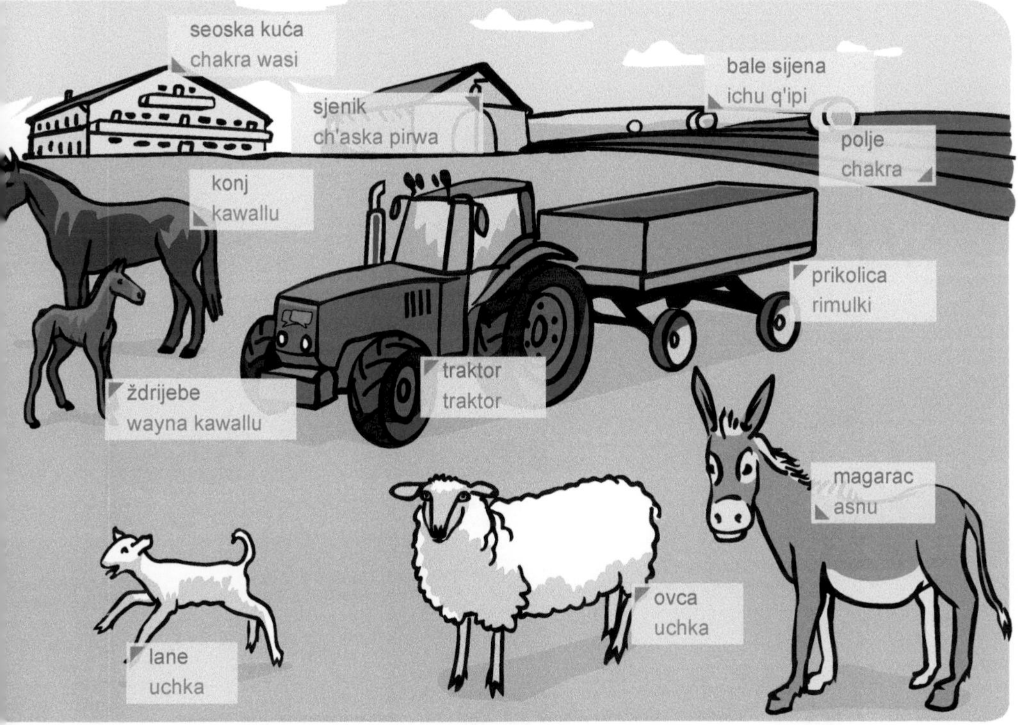

seosko gazdinstvo
chakra wasi

seoska kuća
chakra wasi

sjenik
ch'aska pirwa

bale sijena
ichu q'ipi

polje
chakra

konj
kawallu

prikolica
rimulki

ždrijebe
wayna kawallu

traktor
traktor

magarac
asnu

ovca
uchka

lane
uchka

koza
karwa

krava
waka

tele
waka uña

svinja
khuchi

prase
khuchi uña

bik
turu

guska
wallata

patka
pili

pilići
chchilu

kokoš
wallpa

pijetao
k'anka

pacov
jatun juk'ucha

mačka
misi/michi

miš
juk'ucha

vol
turu

pas
alqu

kućica za psa
alquwasi

vrtno crijevo
mankira

kanta za polijevanje
qarpana jalp'a

kosa
rutuna

plug
taklla

seosko gazdinstvo - chakra wasi

srp
rutuna

motika
liwk'ana

vilica za gnojivo
sipina

sjekira
ayri

tačke
kapachu

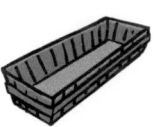
korito
yaku upyana

posuda za mlijeko
willalli purunku

vreća
jatun wayaqa

ograda
jark'aq ch'ipa

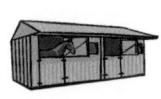
štala
kancha wasi

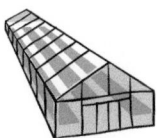
staklenik
inwirnadiru

zemlja
pampa

sjeme
muju

gnojivo
wanu

kombajn
makina allana

seosko gazdinstvo - chakra wasi

žanjati
allay

žetva
allay

yams začin
ñame

pšenica
tiriwu

soja
soya

krumpir
papa

kukuruz
sara

uljana repica
kulsa luru

voćka
wayu sach'a

gomolj manioke
mandiuka

žitarice
ch'aki puquy

seosko gazdinstvo - chakra wasi

kuća
wasi

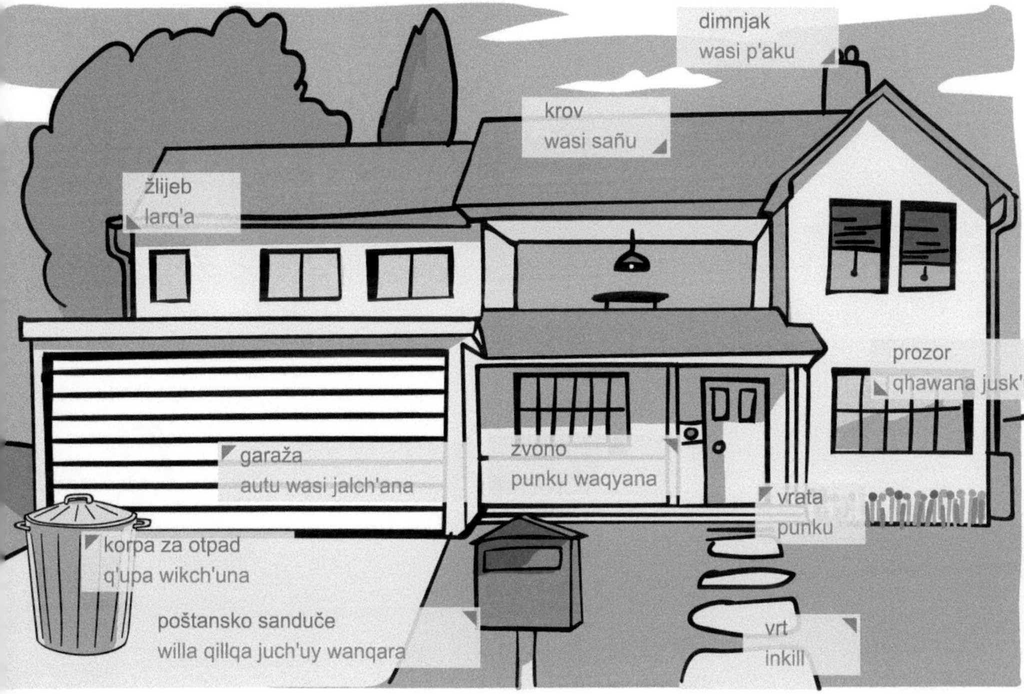

- dimnjak — wasi p'aku
- krov — wasi sañu
- žlijeb — larq'a
- prozor — qhawana jusk'u
- garaža — autu wasi jalch'ana
- zvono — punku waqyana
- vrata — punku
- korpa za otpad — q'upa wikch'una
- poštansko sanduče — willa qillqa juch'uy wanqara
- vrt — inkill

dnevna soba

k'illi wanlla

kupaonica

akana wasi

kuhinja

wayk'una wasi

spavaća soba

puñuna wasi

dječija soba

wawa k'uchu

trpezarija

mikhuna k'uchu

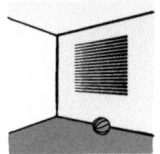

pod
pampa

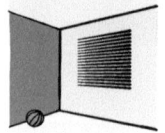

zid
pirqa

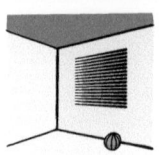

strop
wasip khatan

podrum
wasi ukhun

sauna
sawna

balkon
walkun

terasa
pirqa

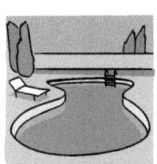

bazen
armakuna

kosilica za travu
k'achina

posteljina za krevet
iqana

deka za krevet
khatana

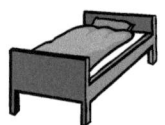

krevet
puñuna

metla
pichana

kanta
yaku aysana

sklopka
k'ancha jap'ichiq

kuća - wasi

dnevna soba
k'illi wanlla

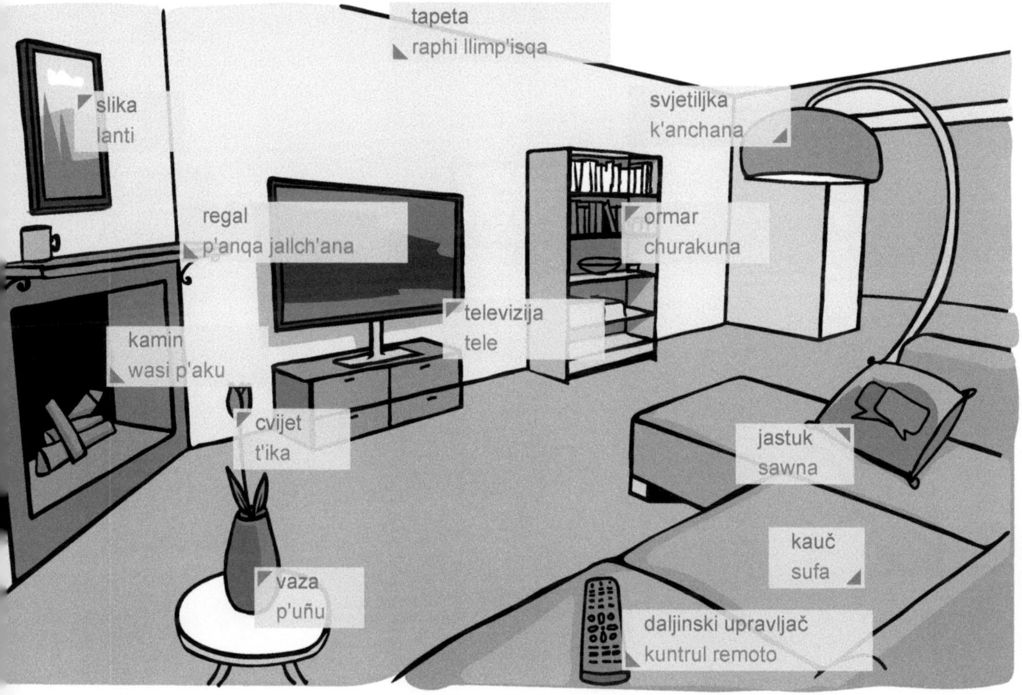

- tapeta / raphi llimp'isqa
- slika / lanti
- svjetiljka / k'anchana
- regal / p'anqa jallch'ana
- ormar / churakuna
- kamin / wasi p'aku
- televizija / tele
- cvijet / t'ika
- jastuk / sawna
- kauč / sufa
- vaza / p'uñu
- daljinski upravljač / kuntrul remoto

tepih
pampa mast'ana

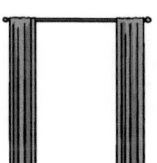

zavjesa
arapa

stol
jamp'ara

stolica
tiyana

stolica za njihanje
chhuku tiyana

fotelja
kirana

knjiga
p'anqa

deka
mast'a

dekoracija
t'ikanchay

drvo za ogrjev
llamt'a

film
pelikula

stereo uređaj
takina ekipu

ključ
ch'atana

novine
mit'awa

slika na platnu
llimp'i

poster
poster

radio
wayra simi

blok za pisanje
qillqana p'anqa

usisavač
aspiradora

kaktus
pukru

svijeća
ispilma

dnevna soba - k'illi wanlla

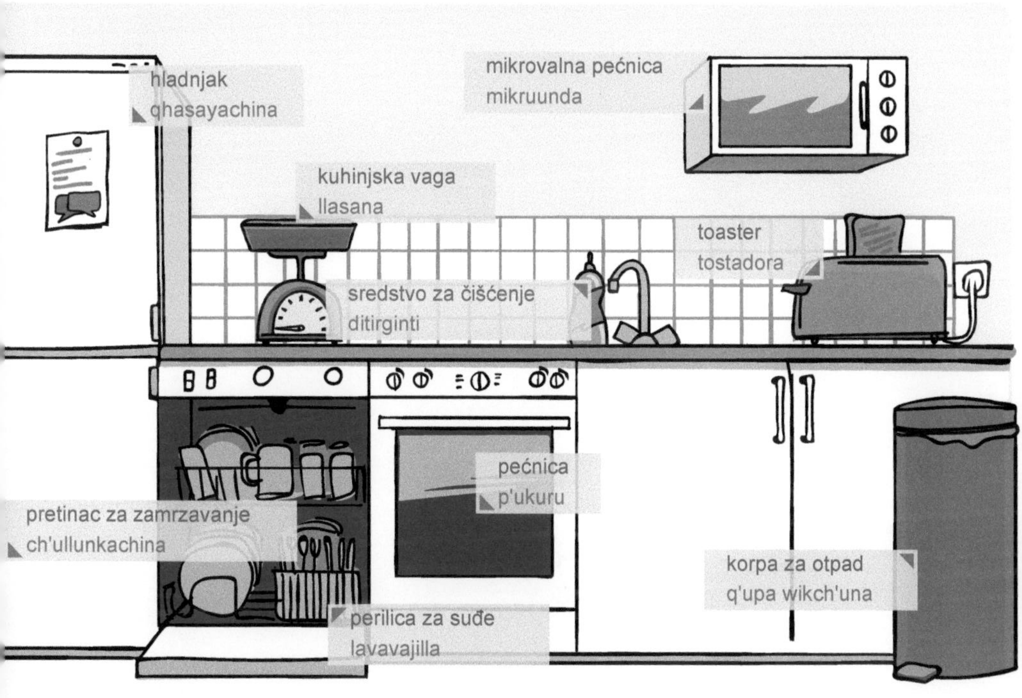

kuhinja
wayk'una wasi

- hladnjak — qhasayachina
- mikrovalna pećnica — mikruunda
- kuhinjska vaga — llasana
- toaster — tostadora
- sredstvo za čišćenje — ditirginti
- pećnica — p'ukuru
- pretinac za zamrzavanje — ch'ullunkachina
- korpa za otpad — q'upa wikch'una
- perilica za suđe — lavavajilla

štednjak
presiun manka

lonac
manka

željezni lonac
q'illa manka

wok / kadai
wok

tava
payla

kuhalo za vodu
thimpuchina

kuhalo na paru
wapsina

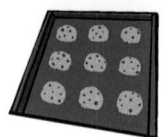

lim za pečenje
p'ukuru punku

posuđe
vajilla

čaša
tasa

zdjela
tason

štapići za jelo
palillo

kutljača
wislla

lopatica
phusuqa urquna

pjenjača
qaywina

sito za kuhanje
isanka

sito
suysuna

ribež
thupana

mužar
kutana

roštilj
kawitu

ognjište
nina jap'ichina

kuhinja - wayk'una wasi

daska
k'ullu kuchunapaq

oklagija
tuquru

vadičep
sacacurchu

konzerva
lata

otvarač konzervi
lata kichana

krpa za lonac
jap'ina

sudoper
chuwa mayllana

četka
sipillu

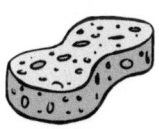

spužva
ispunja

mikser
watidora

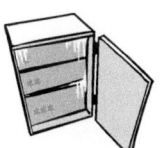

zamrzivač
ch'ullunkachina

bočica za bebe
biberon

slavina za vodu
grifo

kuhinja - wayk'una wasi

kupaonica
akana wasi

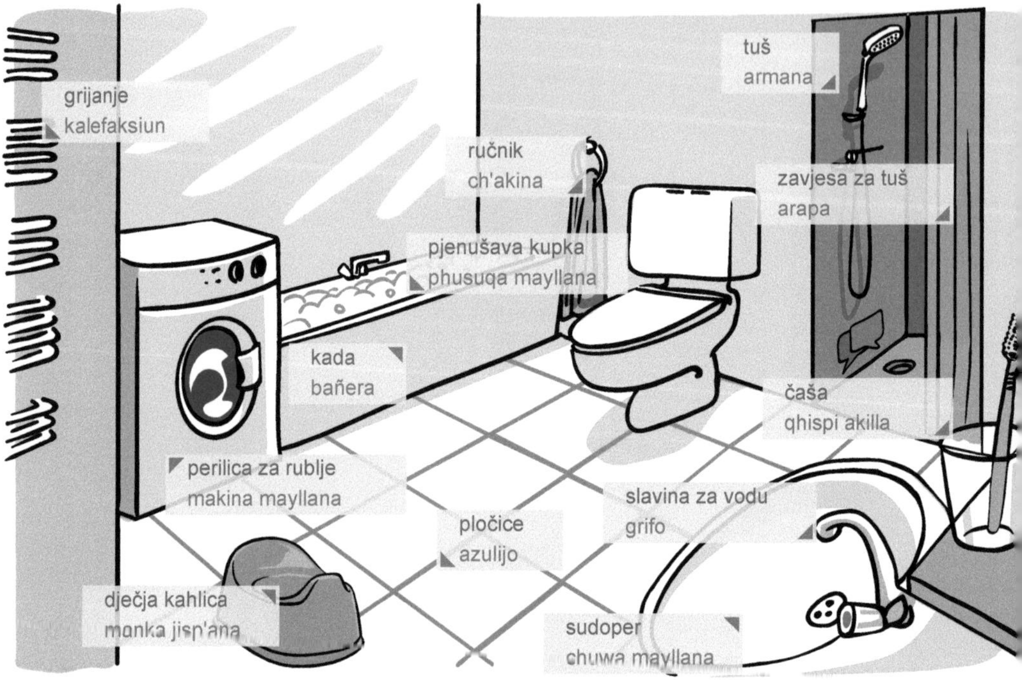

- tuš / armana
- ručnik / ch'akina
- zavjesa za tuš / arapa
- pjenušava kupka / phusuqa mayllana
- kada / bañera
- čaša / qhispi akilla
- grijanje / kalefaksiun
- perilica za rublje / makina mayllana
- pločice / azulijo
- slavina za vodu / grifo
- dječja kahlica / manka jisp'ana
- sudoper / chuwa mayllana

toalet	čučavac	bidet
akana	yakupaka	bidet

pisoar	papir za toalet	četka za toalet
jisp'ana	papel higieniku	water pichana

četkica za zube
kiru khituna

pasta za zube
kiru pasta

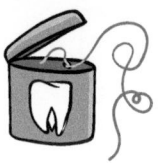

konac za zube
kiru q'aytu

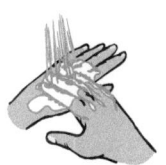

prati
mayllay

tuš ručica
armana makiwan

tuš za pranje intimnih dijelova
armana

lavor
pila

četka za pranje leđa
wasa cepillo

sapun
t'arta

gel za tuširanje
llukllu armanapaq

šampon
champu

krpa za pranje
ch'akina

odvod
ch'chi yaku wikch'una

krema
krima

dezodorans
kuntu wayllak'upaq

kupaonica - akana wasi

ogledalo
qhispi

kozmetičko ogledalo
qhawakunaqhispi

brijač
mumikuna

pjena za brijanje
phusuqu mumikunapaq

losion za poslije brijanja
lusiun mumikunapaq

češalj
sikrana

četka
kuiru khituna

sušilo za kosu
sekadora

sprej za kosu
ispray

makeup
makillaji

ruž za usne
simi llimp'ina

lak za nokte
llimp'i sillu

vata
ampi

škare za nokte
sillu k'utuna

parfem
untu

kupaonica - akana wasi

neseser
wayaqa ch'usanapaq

stolica
chukuna

vaga
aysana

ogrtač
bata

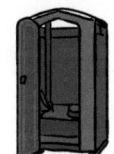

rukavice za čišćenje
maki wayaqa gumamanta

tampon
tampon

uložak
raphi ch'akina

kemijski toalet
akanapaq tiyana kimiku

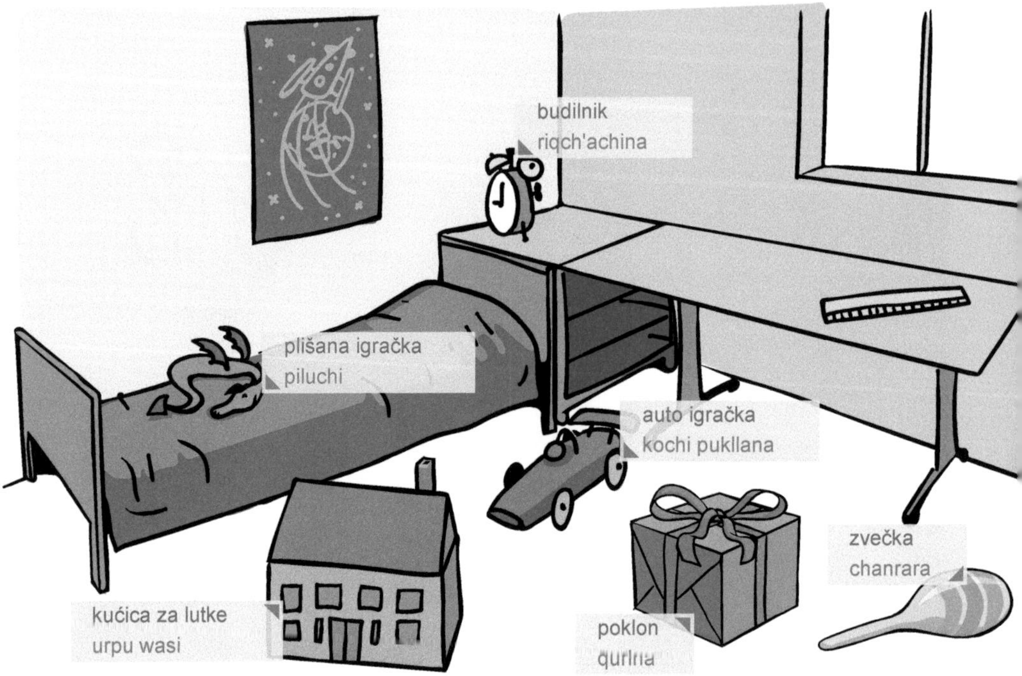

dječija soba
wawa k'uchu

budilnik
riqch'achina

plišana igračka
piluchi

auto igračka
kochi pukllana

kućica za lutke
urpu wasi

poklon
qurina

zvečka
chanrara

balon
phuyu phuku

krevet
puñuna

dječija kolica
wawa kochi

igra s kartama
naypi

slagalica
pusli

strip
riwista

dječija soba - wawa k'uchu

lego kockice
legukuna

kockice za slaganje
wluki pukllana

akcioni junak
figura aksionmanta

kombinezon za bebe
wuri wawapaq

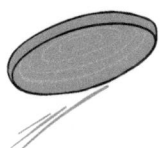
frizbi
friswi

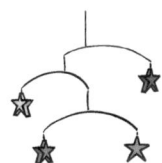
viseće igračke
wawa marq'a

društvene igre
jamp'ara pukllana

kocka
dado

minijaturna željeznica
trin iliktriko purina

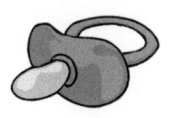
duda
maniki

tulum
raymi

slikovnica
futu p'anqa

lopta
p'ulu

lutka
urpu

igrati
pukllay

dječija soba - wawa k'uchu

pješčanik
t'iyu p'utaki

ljuljačka
wallunk'a

igračka
pukllana

konzola za igre
wiriukunsula

tricikl
trisiklu

plišani medo
jukumari pukllana

ormar
p'acha jallch'ana

odjeća
p'acha

kratke čarape
chakiwayaqa

čarape
chakiwayaqa qharipaq

hulahopke
chakiwayaqa

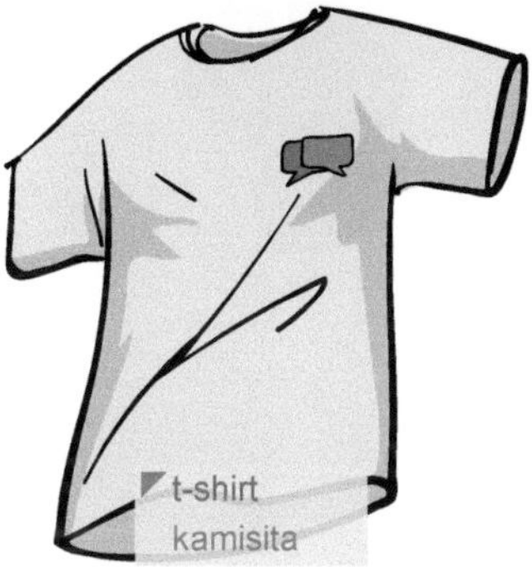

šal — chalina

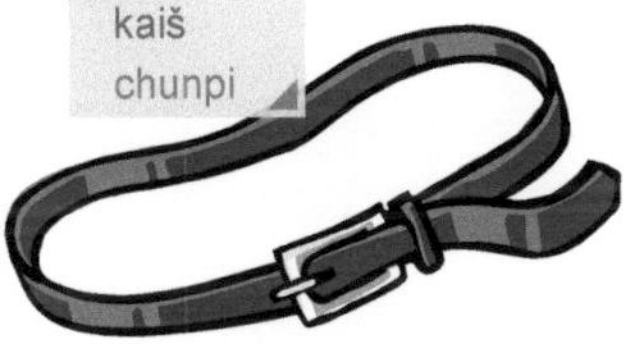

kišobran — parawa

kaiš — chunpi

t-shirt — kamisita

patike — tinis

čizme — wutakuna

papuče — zapatillakuna

sandale
llanq'i

cipele
phapatukuna

gumene čizme
wutakuna parapaq

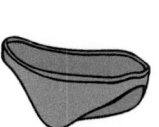

gaćice
ukhu p'acha

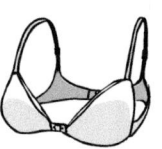

grudnjak
sustin

potkošulja
chaliku

odjeća - p'acha

bodi
wuri

hlače
pantalu kurtu

džins
wakiru

haljina
arphi

bluza
wulusa

košulja
kamisa

džemper
chumpa

pulover s kapuljačom
chumpa

blejzer
blazer

jakna
chakita

kaput
qhata

kabanica
yawardina

kostim
traji

haljina
wistiru

vjenčanica
wistiru nowiamanta

odijelo
traji

spavaćica
kamisun

pidžama
piyama

sari
sari

rubac
wandana

turban
turbante

burka
burka

kaftan
kaftan

abaja
abaya

kupaći kostim
traje mayllakunapaq

kupaće gaćice
p'acha mayllakunpaq

kratke hlače
kurtu

odjeća za trening
p'acha tukuy p'unchawpaq

pregača
dilantal

rukavice
makiwayaqa

odjeća - p'acha

47

gumb
ch'itana

naočale
gafakuna

narukvica
maki watana

ogrlica
wallqa

prsten
siwi

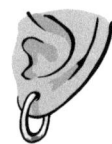

naušnica
linri quri

kapa
q'aspa

vješalica
p'acha warkhuna

šešir
chharara

kravata
kurbata

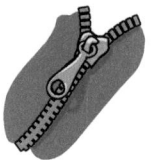

patent zatvarač
pantalu wisk'ana

kaciga
kasku

naramenice
tirantikuna

školska uniforma
uniforme

uniforma
uniformi

odjeća - p'acha

podbradak
llawsanapaq

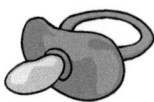
duda
maniki

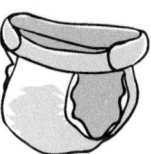
pelena
jananta

ured
ujisina

server
yanapakuq

ormar za spise
jatun raphi jallch'ana

pisač
impresora nisqa

monitor
computadura qhawana

papir
raphi

pisaći stol
llamk'a jamp'ara

miš
juk'ucha

mapa
raphi churana

tipkovnica
tekladu

košara za papir
raphi chuqana

računar
computarura

stolica
tiyana

šalica za kavu
tasa cajimanta

kalkulator
calcularura

internet
intirnit

laptop
laptop

pismo
chaki qillqa

poruka
willachiy

mobilni telefon
silular

mreža
red

uređaj za kopiranje
futukopia

softver
software

telefon
tilijunu

utičnica
toma corriente

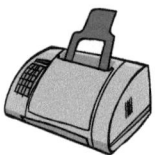
faks
faks

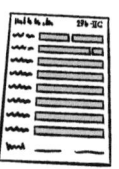
obrazac
jurmulario

dokument
asuy qillqa

gospodarstvo
qullqikamay

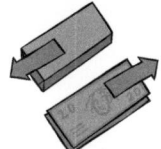  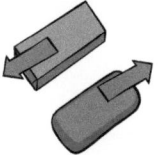

kupovati	platiti	trgovati
ranqhay	qupuy	ranqhay

  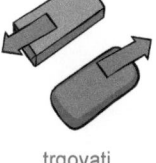

novac	dolar	euro
qullqi	dólar qullqi	iwro qullqi

jen	rubalj	švicarski franak
yen qullqi	ruwlu qullqi	juranku swisu qullqi

renmindbi yuan	rupija	automat za novac
rinminwi qullqi	rupia qullqi	kajiru awtumatiku

mjenjačnica
qullqi rantina wasi

zlato
quri

srebro
qullqi

nafta
pitruliu

energija
kallpa

cijena
yupa

ugovor
mink'ay

porez
impuistu

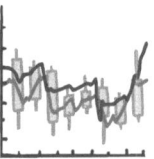

dionica
aksiun

raditi
llamk'ay

službenik
llamk'achiq

poslodavac
llamk'achiq

tvornica
puquchiy kiti

prodavaonica
tienda

zanimanja
llamk'aykuna

policajac
ajinti policiamanta

vatrogasac
wumwiru

kuhar
wayk'uq

liječnik
jampi kamayuq

pilot
pilutu

vrtlar
inkill kamayuq

stolar
llaqllaykamayuq

krojačica
siraykamayuq

sudija
khuskachaq

kemičar
jampi ranqhaq

glumac
aranwaq

 vozač autobusa awtuwus q'iwiq	 vozač taksija taksi q'iwiq	 ribar challwakamayuq
 čistačica pichaq	 krovopokrivač wasip qhatan	 konobar wayna yanapaq
 lovac chakuykamayuq	 slikar llimp'iq	 pekar t'antiri
 električar iliktrisista	 građevinski radnik llam'kaq	 inženjer k'llikacha
 mesar ñak'aq	 limar yaku kamayuq	 poštar qillqa apaq

zanimanja - llamk'aykuna

vojnik
awqakuq

arhitekta
wasikamayuq

blagajnik
kajiru

cvjećar
t'ikachaq

frizer
chukcharutuq

kondukter
q'iwichiq

mehaničar
mikaniku

kapetan
wamink'a

zubar
kirukamayuq

znanstvenik
jamawt'a

rabi
rawinu

imam
k'askachimuq

monah
munji

svećenik
tata kura

zanimanja - llamk'aykuna

alati
ruk'awi

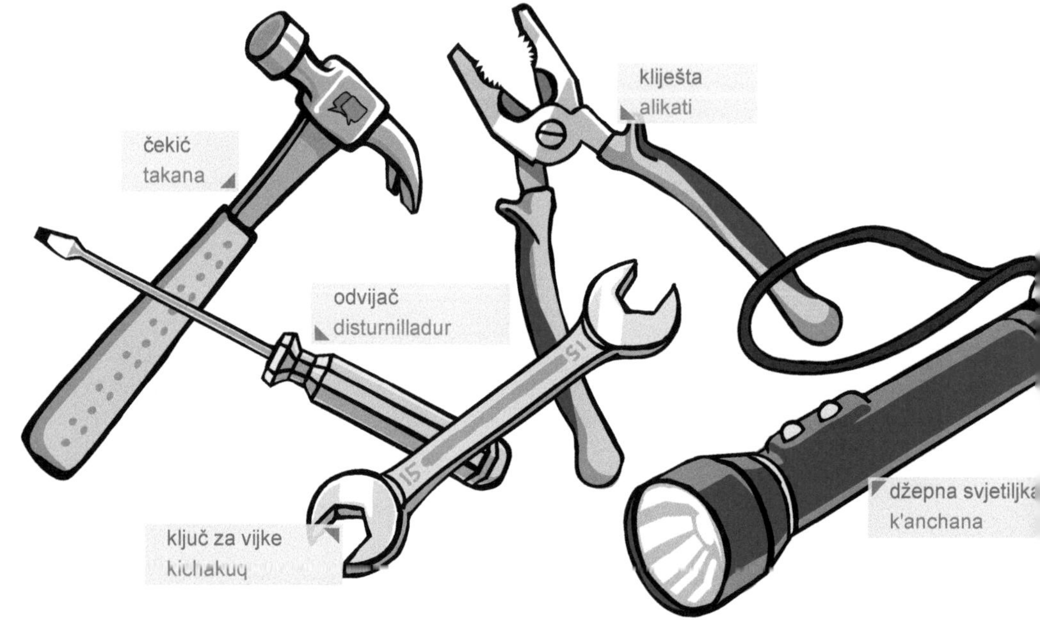

čekić
takana

kliješta
alikati

odvijač
disturnilladur

ključ za vijke
kichakuq

džepna svjetiljka
k'anchana

rovokopač

ikskawadura

kutija za alat

ruk'awi p'uktaki

ljestve

wichana makiyuq

pila

sierra

ekser

takarpu

bušilica

talaru

popraviti
allinchay

lopata
lampa

Sranje!
¡Supay apachun!

lopatica
q'upa tantana

lonac za boju
llimp'i churana

vijci
turnillukuna

glazbeni instrument
takichiy nakuna

bubnjevi
watiria

zvučnik
sumaq parlana

gitara
witarra

kontrabas
kuntrawaju

truba
lata phuku

klavir — pianu

violina — wiulin

bas — waju

timpani — tinwalis

udaraljke za bubnjeve — wankar

keyboard — tikladu

saksofon — saksu

flauta — phukuna

mikrofon — mikrufunu

glazbeni instrument - takichiy nakuna

zoološki vrt
jatun uywa kancha

- tigar / uthurunku
- ulaz / yaykuna
- kavez / ch'iwa
- zebra / siwra
- hrana za životinje / uywa mikhunan
- panda / panda

životinje
uywa

slon
ilijanti

kengur
kanguru

nosorog
rinusirunti

gorila
gurila

medvjed
jukumari

kamila
kamillu

noj
suri

lav
puma

majmun
k'usillu

flamingo
pariwana

papagaj
q'ichichi

polarni medvjed
pular jukumari

pingvin
pinwinu

ajkula
tiwuruń

paun
pawu

zmija
katari

krokodil
kukuwurilu

čuvar u zoološkom vrtu
jatun uywa kancha arariwa

tuljan
fuka

jaguar
uthurunku

zoološki vrt - jatun uywa kancha

poni
puni

leopard
lliwpardu

nilski konj
hipuputamu

žirafa
jirafa

orao
anka

divlja svinja
sintiru

riba
challwa

kornjača
turtuga

morž
mursa

lisica
atuq

gazela
gacila

šport
atipanaku pukllay

- američki nogomet / amerikanu papawki pukllay
- biciklizam / siklu rumpiy
- tenis / tenis
- košarka / isanka papawki
- plivanje / wat'aku
- hoks / ñuk'anaku
- hockey na ledu / joki

nogomet
papawki pukllay

badminton
watmintun

atletika
lanlak

rukomet
kakcha

skijanje
iski

polo
pulu

aktivnosti
ruwakuna

- skočiti / phinkiy
- smijati se / asiy
- zagrliti / mak'alliy
- pjevati / takiy
- ići / puriy
- moliti se / mañakuy
- poljubiti / much'ay
- sanjati / musquy

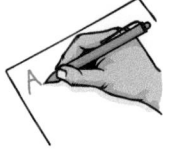

pisati
qillqay

crtati
t'iktuy

pokazati
qhawachiy

gurati
tanqay

dati
quy

uzeti
uqhariy

imati
yuq

činiti
ruway

biti
kay

stojati
sayay

trčati
t'ijuy

povlačiti
chuqay

baciti
chuqay

padati
urmay

ležati
siriy

čekati
suyay

nositi
apay

sjediti
chukuchiy

oblačiti
p'achachakuy

spavati
puñuy

probuditi se
rikch'ay

gledati
qhaway

plakati
waqay

milovati
waylluy

češljati
sikray

govoriti
rimay

razumjeti
unanchay

pitati
tapuy

slušati
uyariy

piti
upyay

jesti
mikhuy

pospremiti
kamachiy

voljeti
khuyay

kuhati
wayk'uy

voziti
q'iwiy

letjeti
phaway

aktivnosti - ruwakuna

ploviti	računati	čitati
wamp'uy	yupanchay	ñawiriy

učiti	raditi	vjenčati se
yachay	llamk'ay	sawaray
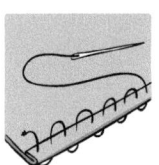	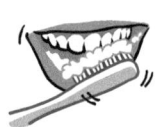	
šiti	prati zube	ubiti
sıray	kiru khllukuy	wanchiy

pušiti	poslati	
pitay	kachay	

aktivnosti - ruwakuna

obitelj
yawar masikuna

baka / jatun mama
djed / jatun tata
otac / tata
majka / mama
beba / wawa
kćerka / warmi wawa / ususi
sin / qhari wawa / churin

gost
jamuynisqa

tetka
ipa

ujak, stric
kaki

brat
tura/wawqi

sestra
ñaña/pana

tijelo
uqhu

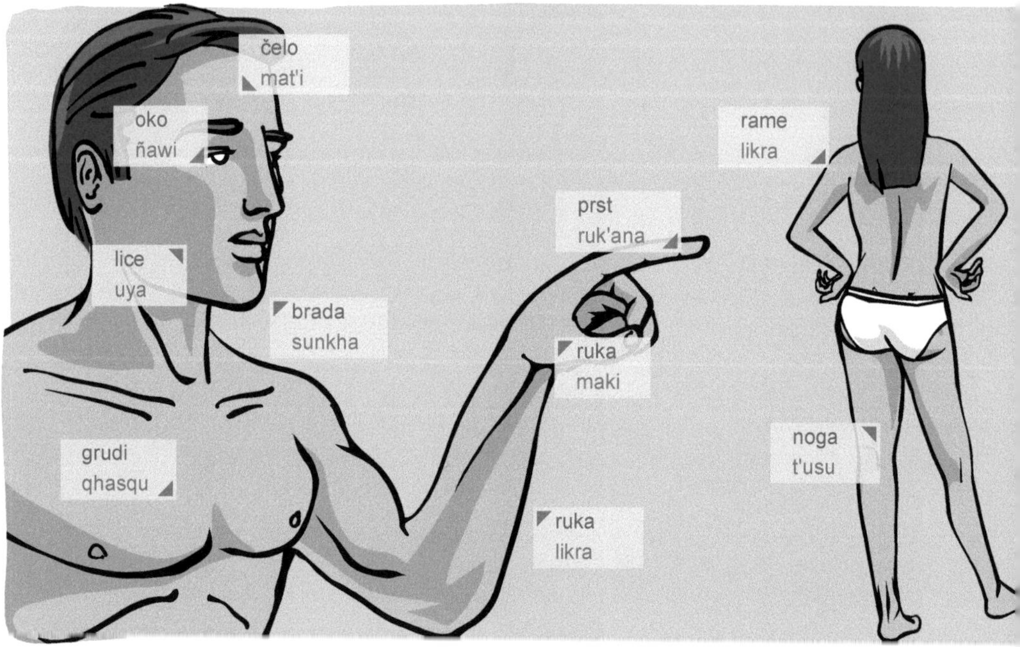

čelo
mat'i

oko
ñawi

rame
likra

lice
uya

prst
ruk'ana

brada
sunkha

ruka
maki

grudi
qhasqu

noga
t'usu

ruka
likra

beba
wawa

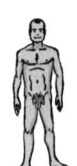

muškarac
qhari

žena
warmi

djevojčica
sipas

dječak
yuqalla

glava
uma

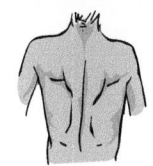

leđa
wasa

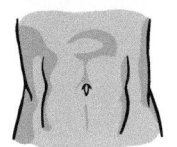

trbuh
wisa ukhu

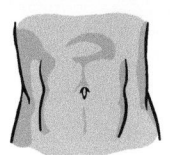

pupak
pupu

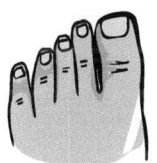

nožni prst
ruk'ana

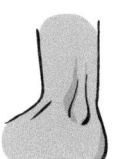

peta
takillpa

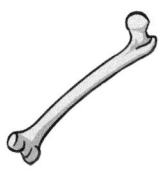

kost
tullu

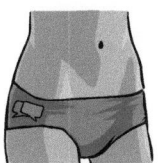

kuk
chaka

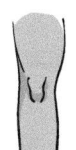

koljeno
muqu

lakat
maki muqu

nos
sinqa

stražnjica
siki

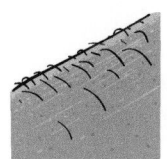

koža
qara

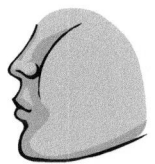

obraz
k'aqlla

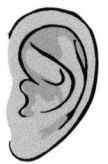

uho
linri

usna
sipri

tijelo - uqhu

usta
simi

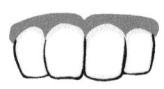

zub
kiru

jezik
qallu

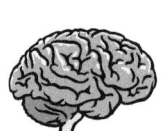

mozak
ñuqtu

srce
sunqu

mišić
mach'i

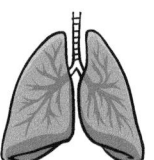

pluća
surq'an

jetra
k'iwicha

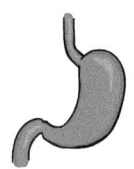

želudac
wisa

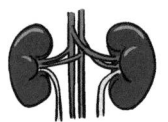

bubrezi
wasa ruru

snošaj
lluq'anaku

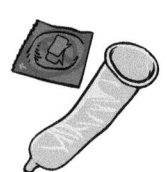

kondom
condon

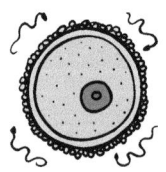

jajna stanica
ch'uytu

sperma
yuma

trudnoća
wiksayuq kay

tijelo - uqhu

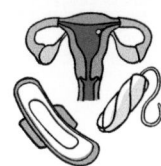 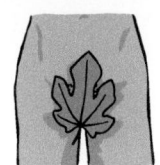 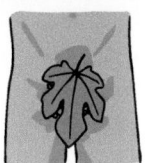

menstruacija	vagina	penis
k'ikuy	rakha	ullu

  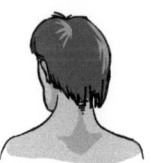

obrva	kosa	vrat
qhichira	chukcha	kunka

tijelo - uqhu

bolnica
Jampina wasi

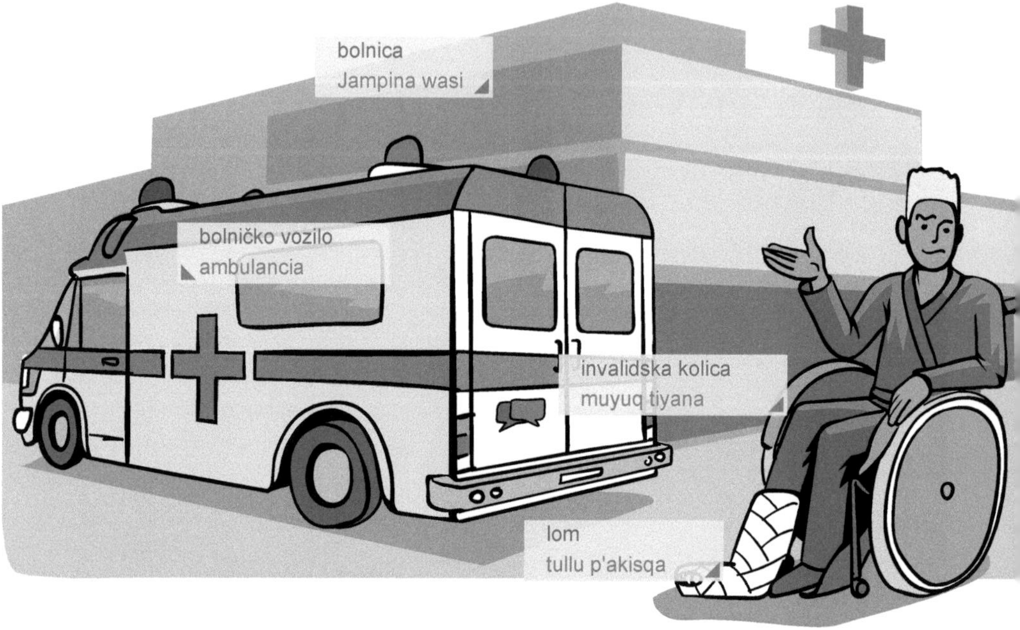

bolnica
Jampina wasi

bolničko vozilo
ambulancia

invalidska kolica
muyuq tiyana

lom
tullu p'akisqa

liječnik
jampi kamayuq

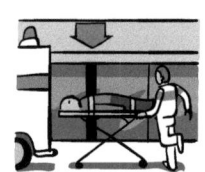

hitna medicinska služba
urgencia wasi

medicinska sestra
jampi yanapaq

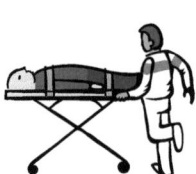

hitni slučaj
urjinsia

nesvijest
mana yuyayniyuqchu

bol
nanay

ozljeda
ñuti

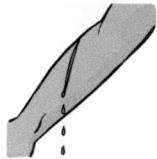
krvarenje
sirk'ay

srćani infarkt
infarto

moždani udar
wayra

alergija
millachikuq

kašalj
ch'uju

groznica
k'aja unquy

gripa
p'urqi

proljev
q'icha

glavobolja
uma nanay

rak
isqu unquy

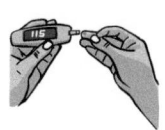
dijabetes
diyawitis

kirurg
jampi kamayuq

skalpel
bisturi

operacija
upirasiun

bolnica - Jampina wasi

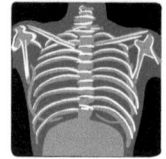
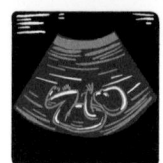

| ct | rentgen | ultrazvuk |
| TAC | tullurikuchi | ultrasunidu |

| maska | bolest | čekaonica |
| jark'ana | unquy | suyanapaq k'illi wanlla |

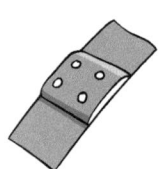

| štaka | flaster | zavoj |
| tawna | linta | manku |

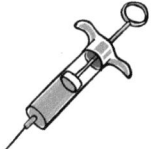
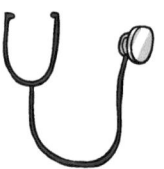
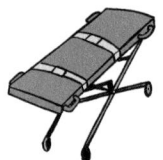

| injekcija | stetoskop | nosilo |
| inyiksiun | istituskupiu | kallapu |

| termometar | rođenje | prekomjerna težina |
| llaphi tupuna tupu | paqarisqa | wirachasqa |

bolnica - Jampina wasi

slušni aparat
audifono

sredstvo za dezinfekciju
disinjiktanti

infekcija
q'iyacha

virus
miyu

hiv / sida
VIH / SIDA

medicina
jampi

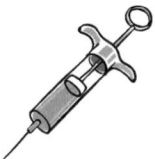
vakcinacija
wakuna

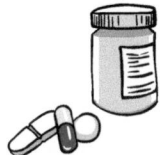
tablete
tawlitakuna

pilula
pastilla

poziv u pomoć
usqay waqyana

uređaj za mjerenje tlaka
tinsiumitru

bolesno / zdravo
unqusqa / qhali

hitni slučaj
urjinsia

pomoć!
¡Yaw!

alarm
alarma

nasrtaj
manchay

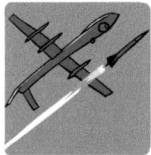

napad
waykha

opasnost
chhiki

izlaz za nuždu
punku utqay lluqsinapaq

požar!
¡Nina!

vatrogasni aparat
nina wañichiq

nezgoda
ñak'ariy

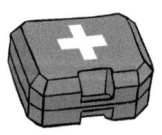

kofer prve pomoći
botiquin de primeros auxilios

sos
SOS

policija
pulisiya

zemlja
Pacha

Europa
Iwrupa

sjeverna amerika
Chincha Amerika

južna amerika
Qulla Amerika

Afrika
Ajurika

Azija
Asia

Australija
Awstralia

Atlantik
Atlantiku

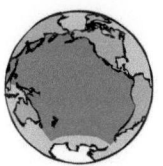

Pacifik
Pasijiku

ocean
Indiku mama qucha pacha

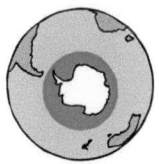

antarktički ocean
Antartiku mama qucha pacha

arktički ocean
Artiku mama qucha pacha

sjeverni pol
chincha pulu

južni pol	Antarktik	zemlja
qulla pulu	Antartida	Pacha

zemlja	more	otok
jallp'a	mama qucha	tara
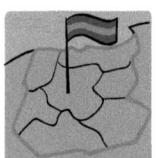	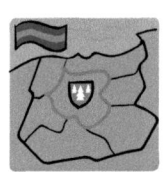	
nacija	država	
llaqta	Suyu	

sat
phani (kuna)

brojčanik sata
muruq'u

satna kazaljka
phani tuqsiq

minutna kazaljka
chininiq

sekundna kazaljka
ch'ipu yupaq

Koliko je sati?
¿Ima phanitaq?

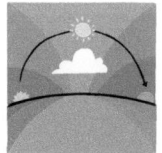
dan
p'unchaw

vrijeme
pacha

sada
kunan

digitalni sat
dijital inti watana

minuta
chinini

sat
phani

tjedan
qanchischaw

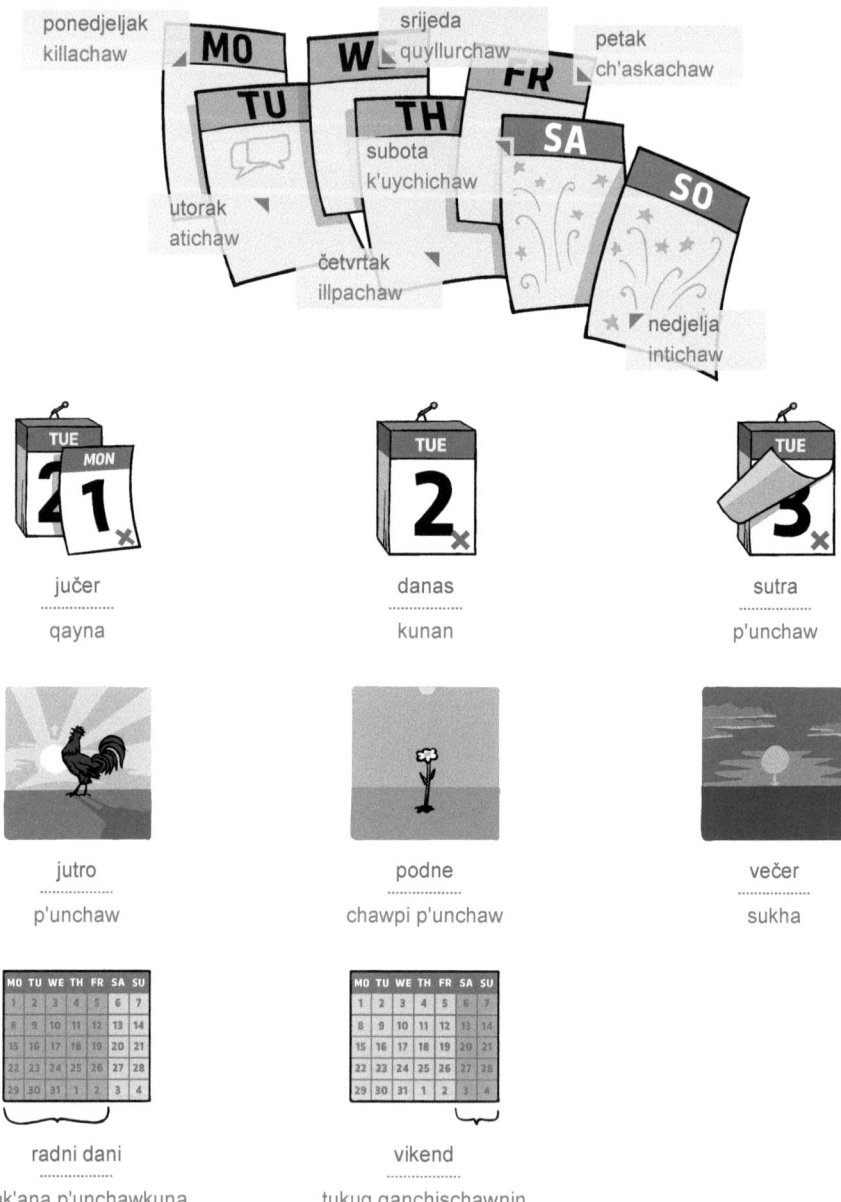

ponedjeljak killachaw	srijeda quyllurchaw	petak ch'askachaw
subota k'uychichaw		
utorak atichaw	četvrtak illpachaw	nedjelja intichaw

| jučer | danas | sutra |
| qayna | kunan | p'unchaw |

| jutro | podne | večer |
| p'unchaw | chawpi p'unchaw | sukha |

| radni dani | vikend |
| llamk'ana p'unchawkuna | tukuq qanchischawnin |

godina
wata

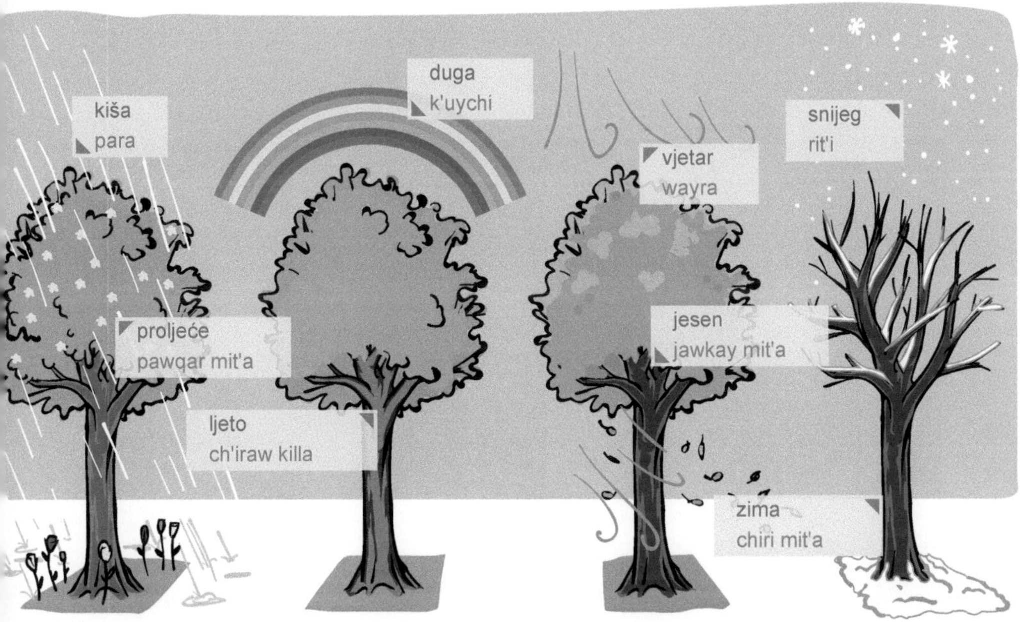

kiša
para
duga
k'uychi
snijeg
rit'i
vjetar
wayra
proljeće
pawqar mit'a
jesen
jawkay mit'a
ljeto
ch'iraw killa
zima
chiri mit'a

4.APRIL 11°
5.APRIL 4°
6.APRIL 13°
7.APRIL 8°
8.APRIL 10°

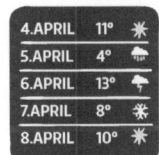

meteorološka prognoza

inti raki

F C
120 90 60 30 0 -30
40 30 20 10 0 -10 -20

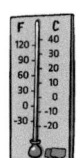

termometar

tirmumitru

sunčana svjetlost

inti

oblak

phuyu

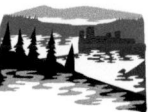

magla

phuyu

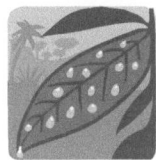

vlažnost zraka

juq'u

munja
illapa

grmljavina
illapa

oluja
tamya

tuča
chikchi

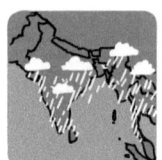

monsun
muyuq wayra

poplava
lluqlla

led
chullunka

siječanj
qhaqmiy killa

veljača
jatunpuquy killa

ožujak
pachapuquy killa

travanj
ariwaki killa

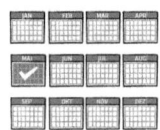

svibanj
aymuray killa

lipanj
jawkaykuskuy killa

srpanj
chakrakunakuy killa

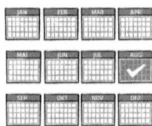

kolovoz
chakraypuy killa

rujan
tarpuy killa

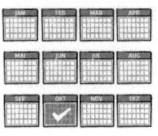
listopad
pawqarwara killa

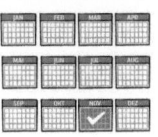
studeni
ayamarq'ay killa

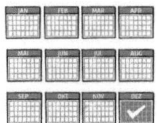
prosinac
qhapaq inti raymi killa

oblici
pacha tupusqa rikch'ay

krug
muyu yupa

kvadrat
tawak'uchu yupa

pravokutnik
sayt'u yupa

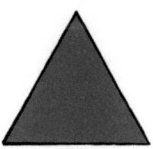
trokut
kimsa k'uchu yupa

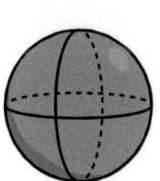
kugla
muruq'u

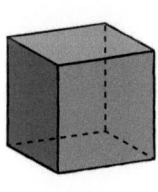
kocka
yupa wayru

boje
llimp'ikuna

bijela
yurak

žuta
q'illu

narančasta
willapi

ružičasta
panti

crvena
puka

ljubičasta
kulli

plava
anqas

zelena
q'umir

smeđa
ch'umpi

siva
uqi

crna
yana

suprotnosti
wakjinakuna

mnogo / malo

achkha / pisi

ljutito / mirno

phiña / qhasi

lijepo / ružno

k'acha / millay

početak / kraj

qallariy / tukuy

veliko / maleno

jatun / juch'uy

svijetlo / tamno

sut'i / tuta

brat / sestra

wawqi / pana

čisto / prljavo

llimphu / ch'ichi

potpuno / nepotpuno

junt'asqa / mana junt'asqa

dan / noć

p'unchaw / tuta

mrtvo / živo

wañusqa / kawsaq

široko / usko

chhuqu / k'ichki

jestivo / nejestivo

mikhunapaq / mana mikhunapaqchu

zlo / dobro

sakra / k'acha

uzbuđeno / dosadno

kusisqa / majisqa

debelo / mršavo

rakhu / tullu

na početku / na kraju

ñawpaq / qhipa

prijatelj / neprijatelj

masi / awqa

puno / prazno

junt'a / ch'in

tvrdo / mekano

k'urki / llamp'u

teško / lagano

llasa / chhalla

glad / žeđ

yarqhay / ch'akiy

bolesno / zdravo

unqusqa / qhali

ilegalno / legalno

chanin / mana chanin

pametno / glupo

yuyaysapa / upa

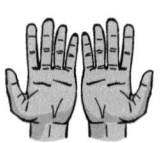

lijevo / desno

lluq'i / paña

blizu / daleko

qaylla / karu

suprotnosti - wakjinakuna

novo / rabljeno
musuq / mawk'a

ništa / nešto
ch'usaq / imapis

staro / mlado
machu / wayna

uključeno / isključeno
jap'isqa / wanchisqa

otvoreno / zatvoreno
kichasqa / wisq'asqa

tiho / glasno
ch'in / ch'aqwa

bogato / siromašno
qhapaq / wakcha

točno / pogrešno
chiqan / mana chiqan

hrapavo / glatko
qhachqa / llamp'u

tužno / sretno
llakisqa / kusi

kratko / dugo
k'aka / karu

polako / brzo
jayra / utqay

mokro / suho
juq'u / ch'aki

toplo / hladno
rupha / chiri

rat / mir
awqay / sunqu tiyakuy

suprotnosti - wakjinakuna

brojevi
yupaykuna

0 nula / ch'usak

1 jedan / uk

2 dva / iskay

3 tri / kimsa

4 četiri / tawa

5 pet / phichqa

6 šest / suqta

7 sedam / qanchis

8 osam / pusaq

9 devet / jisq'un

10 deset / chunka

11 jedanaest / chunka ukniyuq

12
dvanaest
chunka iskayniyuq

13
trinaest
chunka kimsayuq

14
četrnaest
chunka tawayuq

15
petnaest
chunka phichkayuq

16
šestnaest
chunka suqtayuq

17
sedamnaest
chunka qanchisniyuq

18
osamnaest
chunka pusaqniyuq

19
devetnaest
chunka jsq'unniyuq

20
dvadeset
iskay chunka

100
stotinu
pacha

1.000
tisuću
waranqa

1.000.000
milijun
junu

brojevi - yupaykuna

jezici
simikuna

engleski
inklis simi

američko engleski
amerikanu inklis simi

kinesko mandarinski
mandarin chinu simi

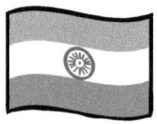
hindi
jindi simi

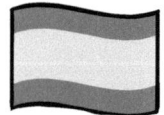
španjolski
castilla simi

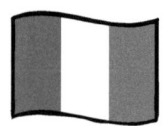
francuski
fransis simi

arapski
arabia simi

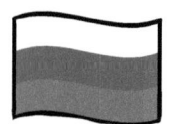
ruski
rusia simi

portugalski
purtugal simi

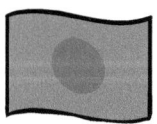
bengalski
bingali simi

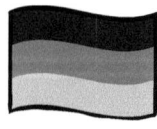
njemački
alimania simi

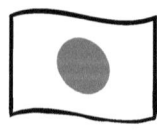
japanski
japun simi

tko / što / kako
pi / ima / imayna

tko / što / kako
ñuqa

ti
qam

on / ona / ono
pay / pay / chay

mi
ñuqanchik

vi
qamkuna

oni
paykuna

tko?
¿pitaq?

što?
¿imataq?

kako?
¿imaynataq?

gdje?
¿maypitaq?

kada?
¿mayk'aq?

ime
suti

gdje
maypi

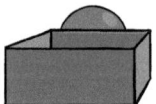

iza
qhipa

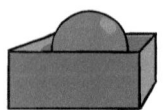

u
pi

ispred
ñawpaq

preko
pantanpi

na
pata

ispod
uranpi

pored
kuska

između
chawpi

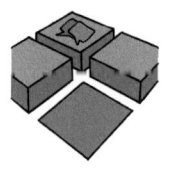

mjesto
chiqan